ビジネスマナー基礎実習 新版
講義用指導書

- LESSON1　声を出してみよう ・・・・・・・3
- LESSON2　指示の受け方・報告のしかた ・・・・・・・4
- LESSON3　言葉遣い ・・・・・・・12
- LESSON4　電話応対 ・・・・・・・19
- LESSON5　受付と訪問 ・・・・・・・28
- LESSON6　ビジネス文書 ・・・・・・・42
- 常識資料集 ・・・・・・・47
  - 敬語・・・・・・・48
  - 応対・・・・・・・50
  - 慶事と弔事・・・・・・・53
  - ビジネス文書・・・・・・・54

早稲田教育出版

> ご担当の先生へ

　本書は、学生たちが社会へ出て新入社員として働く場合、身に付いていないと困るビジネスマナーの「最低限」の事柄についての実習教材です。

　この実習をこなすだけである程度のマナー知識が身に付くと考えていますが、さらに細かいご指導をなさる際には、早稲田教育出版のマナー実務関係の教科書を、先生ご自身がお読みになることをお勧めします。

　すでにビジネスマナーに関する一通りの授業を終えていれば、本書はさらに効果的です。

本書の使い方

1. 体裁はテキストと同様です。
2. 太字で印刷されている言葉は、指導書のみに記されています。これを目安にご指導いただけます。板書などにもご活用ください。

- 【基礎問題】は、本格的な実習の前に生徒をリラックスさせて行う演習です。
- 【応用問題】は、臨機応変さが必要とされる演習です。
- 【ロールプレイング】は、実際に動いて話す実習となります。
- 【実践問題】には、単元と関係の深い検定試験問題を収録してあります。勉強したことを生かして挑戦するよう、指導してください。
- 巻末の【常識資料集】は、穴埋めをすると資料集になる形式になっています。復習にご利用ください。また、単元で間違いが多い生徒には、随時この資料集を参照させることによってより理解が深まります。
- ◀指導POINT の指示がある箇所は、後ろに詳しい説明が載っています。対応している箇所を参照してください。また、それ以外のポイントも〈指導POINT〉に載っています。活用してください。

早稲田教育出版

声を出してみよう

演習を行う前に、はっきりと声が出るように練習しましょう。

ア	エ	イ	ウ	エ	オ	ア	オ
カ	ケ	キ	ク	ケ	コ	カ	コ
サ	セ	シ	ス	セ	ソ	サ	ソ
タ	テ	チ	ツ	テ	ト	タ	ト
ナ	ネ	ニ	ヌ	ネ	ノ	ナ	ノ
ハ	ヘ	ヒ	フ	ヘ	ホ	ハ	ホ
マ	メ	ミ	ム	メ	モ	マ	モ
ヤ	エ	イ	ユ	エ	ヨ	ヤ	ヨ
ラ	レ	リ	ル	レ	ロ	ラ	ロ
ワ	ウェ	ウィ	ウ	ウェ	ウォ	ワ	ワォ

指導POINT

■全員を立たせて声を出す。
■演習ではどうしても学生は萎縮しがちになるので、声を出してリラックスさせる。
■口を大きく開けて２回以上繰り返すとよい。

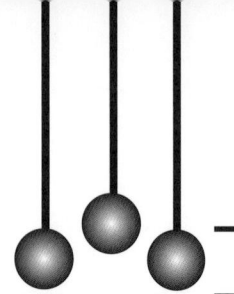

LESSON 2
指示の受け方・報告のしかた

基礎問題

▶ **はじめに**

1. 指示／報告の演習を行うときは、下記のようなセッティングをしてください。
2. 同じ設問で何人かを指名して繰り返すようにします。
3. 「できるまでやらせる」のではなく、できてもできなくても一人一人が終わったら、「もっと明るく声を出した方がいい」「表情に気を付けて」といったアドバイスをします。とにかく慣れていないことなので、萎縮させないようにします。
4. 実際に先生が見本を見せるか、いちばん正確な対応をした生徒を再度指名して「見本」としてください。

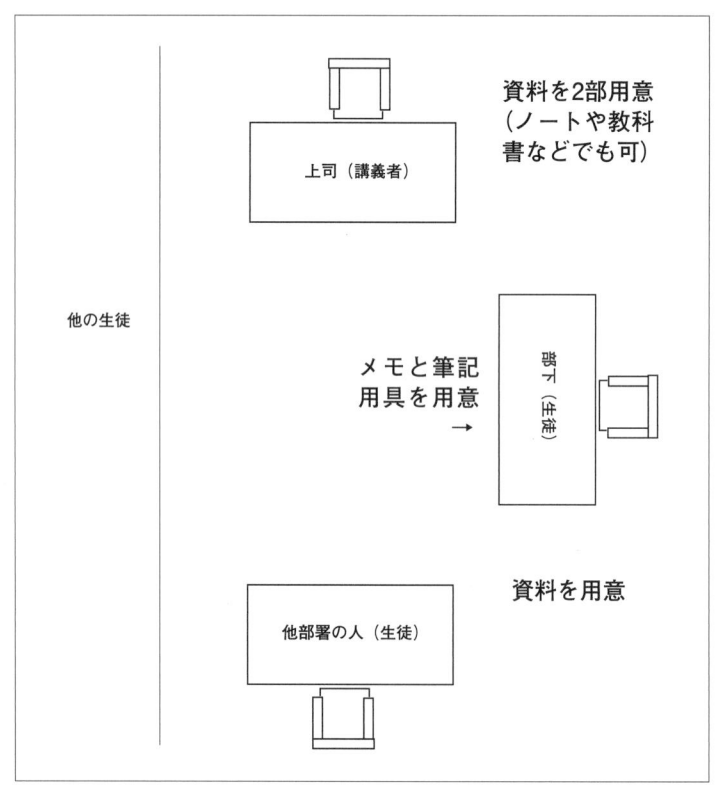

はじめに

1. まず下記のやりとりを生徒に読ませて確認させてください。
2. 部下の生徒を指名し、部下席へ。下記を指示してください。

1. 先生が上司となり指示を出します。指示を受けてください。

上　司	部　下
（　　　）くん、ちょっと。	はい。 お呼びでしょうか。　◀ 指導POINT① （メモを持参。聞く姿勢は少し前傾）
この資料をコピーして各課の課長に渡しておいて。（資料を渡す）	はい。　何部必要でしょうか　◀ 指導POINT②
5部必要だな。 あとこのパンフレットを斎藤課長へ渡してください。（パンフレットを渡す）	はい。
あ、そうだ。営業部へ行ったら、秋山部長に貸している資料をついでに返してもらってきてくれるかな。	はい。かしこまりました。 復唱させていただきます。資料を5部コピーして各課長へ配布。そしてパンフレットを斎藤課長へ。秋山部長からは資料をお返しいただきます。
うん、じゃあ頼むね。	

▶指導POINT

① 次の場合は注意。
　1. 声が小さいとき。
　2. メモと筆記用具を持っていないとき。
　3. 指示を聞く姿勢がよくないとき。
② 課の数が分かっていれば聞く必要もないので、「かしこまりました」でも構わない。
■ あくまでウォーミングアップなので、細かい指摘は省く。
■ ただし、最初に指名した生徒が指示をちゃんと把握したかは確かめた方がよい。
　「いま指示した内容を復唱してみてください」の問いを。
■ 指示している内容と違っているときは、たいていメモを取っていないことが多いので、メモの重要性を説明する。

応用問題

▶ **はじめに**
1. 左側の指示を生徒に与えてください。

1. 先生が上司となり指示を出します。指示を受けてください。

上司役の教師	部下役の生徒
（　　　）くん。	はい、お呼びでしょうか。
この書類を慶応商事の山田さん宛てにファクスして。	はい。　◀指導POINT①
ファクスしたら5部コピーして営業部の人たちに配布してくれ。	はい（かしこまりました）。
ファイルしやすいようにA4に縮小してコピーだ。	はい。書類をファクスし、A4に縮小した5部の書類を営業部の皆さんに配布します。
うん、頼むね。	

2. 先生が上司となり指示を出します。指示を受けてください。

上司役の教師	部下役の生徒
（　　　）くん。ちょっと。	はい、お呼びでしょうか。
4時に慶応商事の伊庭(イバ)部長がおいでになるので、おいでになったら応接室へお通しして。	はい。かしこまりました。 （イバ部長ですね）　◀指導POINT②
私はこれから緊急の会議に出なくてはならないから、斎藤課長に相手してもらって。 斎藤課長にはこの資料を渡しておいてね。	はい。復唱いたします。 4時においでになる慶応商事のイバ部長を応接室へお通しして、斎藤課長に応対していただきます。
あ、伊庭さんはコーヒー嫌いだから注意して。	はい、それではお茶をお出しします。
うん、頼むね。	

指導POINT

①ファクス番号を聞いた方が望ましい。
②「イバ」と急に言われて「伊庭」を思い浮かべるのはなかなか難しい。名前は重要なので確認するべき。

はじめに

1. 演習に入る前に次の準備を。
   ・総務部担当者の役の生徒を指名。
   ・指名した生徒にメモで「30周年パーティーの進行表はまだできていない。明日できる。招待客名簿は部外秘なので、コピーされては困ると答える。山田専務のことは承知したと答える」と伝えてください。
2. 左側の指示を生徒に与えてください。

3. 先生が上司となり指示を出します。指示を受けてください。
   指示を実行し、上司に報告してください。

上司（　　）部長役の教師	部下役の生徒
（　　　）くん。	はい、お呼びでしょうか。
総務部へ行って、今度の創業30周年パーティーの進行表と招待客名簿のコピーをもらってきてくれ。営業の資料にしたいからと担当に言って。	
	はい。　◀ 指導POINT①
あと、得意先の坂本建設の山田専務が、この前お会いしたときにパーティーに行けないと言っていたと伝えておいて。	
	はい。総務部で、30周年パーティーの進行表と招待客名簿のコピーをいただいてきます。坂本建設の山田専務のご欠席もお伝えしておきます。
頼むね。	
	かしこまりました。

指示の受け方・報告のしかた

上司机の向いの総務部へ。部下役の生徒と総務部役の生徒のやりとりがあります。

部下役の生徒	総務部担当役の生徒
失礼します。 営業部の（　　）ですが、（　　）部長から創業30周年パーティーの進行表と招待客名簿のコピーをいただいてくるように言われたのですが。◀指導POINT② そうですか。いつごろできる予定ですか。 あと、（　　）部長からですが、坂本建設の山田専務はパーティーに欠席されるとのことでした。 失礼します。	こんにちは。 申し訳ないんですが、進行表はまだできていません。名簿は部外秘でコピーできないのですが。 明日できる予定です。 そうですか。分かりました。 ありがとうございます。

上司へ報告させて下さい。

上司（　　）部長役の教師	総務部担当役の生徒
 お疲れさま。 ああ、そうか。 ありがとう。	失礼します。 先ほどご指示いただいた通り、30周年パーティーの進行表と招待客名簿のコピーをいただきに総務部へ行ったのですが、進行表はまだできていないそうで、明日できる予定だそうです。また、招待客名簿は部外秘だそうで、いただけませんでした。 坂本建設の山田専務の件はお伝えしておきました。 失礼します。

指導POINT

①何部必要かを聞いた方が望ましい。
②他部署を訪問するときには名乗った方がよい。
■指示を与えて、生徒が型通りの受け答えをするとはかぎらない。とくに受けた指示内容を簡潔に復唱することが難しいかもしれない。その場合は「復唱はもっと簡潔で構いません」とアドバイスする。
■チェックすべきポイント
  1. はっきりと受け答えしているか。
  2. メモをきちんと取っているか。
  3. 確認すべきことをきちんと確認しているか。（数や時間。この場合はいつごろ進行表ができるか）
  4. 指示されたことを間違いなく実行したか。
  5. その結果を正確に報告しているか。
  6. 言葉遣いが適切であったか。

はじめに

1. 演習に入る前に次の準備を。
   ・工務部大山課長の役の生徒を指名。
   ・指名した生徒にメモで「まだ資料はできていない。1時ごろ取りにきてくれないかと答える」と伝えてください。
2. 左側の指示を生徒に与えてください。

4. 先生が上司となり指示を出します。指示を受けてください。
   指示を実行し、上司に報告してください。

上司（　　　）部長役の教師	部下役の生徒
（　　　）くん。	
	はい、お呼びでしょうか。
午後から工務部との合同会議があるんだが、この資料と工務部の資料をコピーしてくれないか。（資料を手渡す） 工務部の資料は大山課長が作っているはずだから、もらってきてくれ。	
	はい。　←指導POINT①
	午後の合同会議の資料をコピーします。工務部の資料は大山課長からいただきます。
頼むね。	かしこまりました。

指示の受け方・報告のしかた

上司机の向いの工務部へ。部下役の生徒と工務部大山課長役の生徒のやりとりがあります。

部下役の生徒	大山課長役の生徒
失礼します。	
営業部の（　　）ですが、（　　）部長から合同会議の資料をいただいてくるように言われたのですが。　◀指導POINT②	こんにちは。 ごめん、まだ作っていないんだ。1時ごろまたきてくれないかな。
はい、かしこまりました。 それでは1時にまた伺います。 失礼します。	 悪いね。

上司へ報告させてください。

上司（　　）部長役の教師	部下役の生徒
資料できた？	失礼します。 先ほどご指示いただいた通り、合同会議の資料をいただきに工務部の大山課長を訪ねたのですが、資料はまだできていないそうで、1時ごろまた取りに行く予定です。
（指示を受けるときに時間を聞かなかった場合） 1時？　会議は1時からだよ。 （指示を受けるときに部数を聞かなかった場合） ところで資料は何部コピーするつもりだった？	 ・・・・。

▶指導POINT

①何部必要かを聞いた方が望ましい。また、会議の時間も聞いておいた方がよい。
②他部署を訪問するときは、名乗った方がよい。
■この設問では、「指示を受けるときには、確認しなければならないことがある」ということを知ってもらう。
■部数や会議の時間を確認した生徒がいた場合は、その生徒を見本に確認の重要性を説くこと。
■p.9の「■チェックすべきポイント」を参考にするとよい。

実践問題

次は秘書Aが、上司から指示を受けるときに心がけていることである。中から<u>不適当</u>と思われるものを選びなさい。

（1）初めての仕事の指示のときは、仕事のしかたと注意する点を確認するようにしている。
（2）指示の内容に分からないことがあったときは、最後にまとめて質問するようにしている。
（3）指示を確認するときは、数字などの他に、なぜそうするのかも尋ねるようにしている。
（4）同時に幾つかの指示を受けたときは、どれから先に行えばよいかを確認するようにしている。
（5）指示された期限に間に合いそうもない仕事は、そのことを伝え、他の人に手伝ってもらってよいか確認している。

解答　（3）

秘書検定過去問題

解説

仕事を指示されたときは確認が必要だが、それは、実行するときミスなどがないようにするためである。なぜそうするのかというのは、なぜその仕事をするのかということで、上司の仕事に質問していることになり、仕事を指示された秘書のすることではないということである。

指示の受け方・報告のしかた

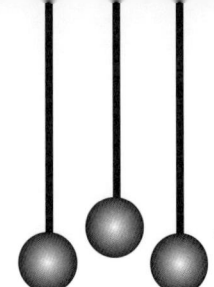

LESSON 3

言葉遣い

基礎問題

はじめに

1. 生徒に空欄を埋めさせ、それぞれを答えさせてください。

1. 次の下線部の表現を、尊敬語にしましょう。

①吉田様は応接室にいます。　いらっしゃいます・おいでです

②そのことは、お客様が言ったことです。　おっしゃった

③今、食べますか。　召し上がりますか・お召し上がりになりますか　◀指導POINT①

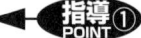

④今、専務が見ています。　ご覧になっています

⑤どのようにしますか。　なさいますか

⑥こちらでコートを着てください。　お召しになって

⑦本社に行くのですか。　いらっしゃるのですか・おいでになるのですか

⑧気に入りましたか。　お気に召しましたでしょうか

⑨先日の会議のことは、聞いていますか。　お聞き及びでしょうか・お聞きになっていますか

⑩○○様が来る時間です。　おいでになる・お越しになる

指導POINT②

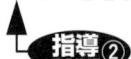

→ 指導POINT

①「お召し上がりになりますか」は過剰な敬語表現だが使われている。「お食べになりますか」と答える生徒がいるかもしれないが、「食べる」は置き換えられる言葉があるので、そちらを指導するようにする。
②「お〜なる」の形(「お聞きになっていますか」)にしても可。

■一通りの授業を消化していれば問題なく答えられるはずだが、まだ授業前なら巻末の資料集に目を通してから答えさせるようにする。
■誤った敬語を使ったときは、資料集を参照するように指導すること。

2. 下線部の表現を、適切な表現に改めましょう。

①製品のことについては企画課で伺ってください。　　お尋ね・お聞き

②お約束のお客様が今、参りました。　　お見えになりました・おいでになりました

③こちらがパンフレットでございます。どうぞ、拝見されてください。　　ご覧・ご高覧

④どうぞこちらでお茶をいただいてください。　　お召し上がり・召し上がり　

⑤課長が申した通りに斎藤工業さんにお届けいたしました。　　おっしゃった

⑥コーヒーにいたしますか。お茶がよろしいでしょうか。　　なさいますか

⑦お客様、斎藤から何かお聞きしていらっしゃいますか。　　お聞き及びで

⑧あいにくでございますが、秋山部長は外出しております。　　（部長の）秋山　

→ 指導POINT

①本来「召し上がる」そのものが敬語表現なので、「お」を付けるのは二重敬語になるが、日常使われている。
②「部長」「課長」などの職位は、敬意が含まれていると考えて、外部に対しては「秋山部長」とはしない。

3.間違いを正しく直しましょう。

①どうぞお料理をいただいてください。　　どうぞお料理をお召し上がりください。

②どうぞ拝見してください。　　どうぞご覧ください。

③私のお母さんもいらっしゃる予定です。　　わたし（わたくし）の母も参る予定です。

➡指導POINT

■基本的なことだが、身内の呼び方と謙譲表現の徹底は確認しておいた方がよい。
■家族、会社の人間のことを外部の方に言うときは「呼び捨て＋謙譲表現」とする。
　類問として
　1. 私のお父さんがそうおっしゃっていました。（私の父がそう申しておりました）
　2. 山田部長は会議に出席なさっています。（山田は会議に出席しております）
　ただし、その人の身内の場合は事情が違う。奥様から電話があったときは「山田部長は会議に出席なさっています」とする。

4.次の言葉遣いに対応する敬語を　　　　　　　に書きましょう。

①（行く）　　部長が　おいでになる　ときに、私もお供して　参ります　。

②（する）　　お客様が　なさる　ことはございません。私どもで　いたします　。

③（見る）　　課長がお書きになった資料を私は　拝見　しましたが、部長ももう、　ご覧　になりましたか。

④（食べる）　あなたが　召し上がら　ないのでしたら、私が　いただきます　。

⑤（いる）　　お客様が応接室に　いらっしゃい　ますので、私どもはこちらに　おります　。

⑥（言う）　　どのように　申し上げて　よいのか、どうぞ　おっしゃって　ください。

⑦（来る・行く）お客様がまもなく　いらっしゃい・おいでになり　ますので、私は後ほど　参ります　。

➡指導POINT

■尊敬語と謙譲語を使い分ける問題。間違いが多い生徒には資料集を参照するように指導する。

応用問題

> はじめに
> 1. 指導する先生が相手役になり、それぞれの問いかけを生徒にしてください。

1. 次は、ビジネスの場での言葉遣いです。空欄を埋めましょう。

① 部長が退社した後に、専務が「部長は？」とあなたに聞きました。あなたはどう答えますか。

部長は先ほどお帰りになりました。

② お客様がおいでになり、課長が「応接室に案内して」とあなたに指示しました。お客様を案内するときに何と声をかけますか。

応接室へご案内いたします。
こちらでございます。

③ お客様が明日お店が休みかどうか確認するために、あなたに「明日は休みよね？」と聞いています。明日はお店の定休日です。どう答えますか。

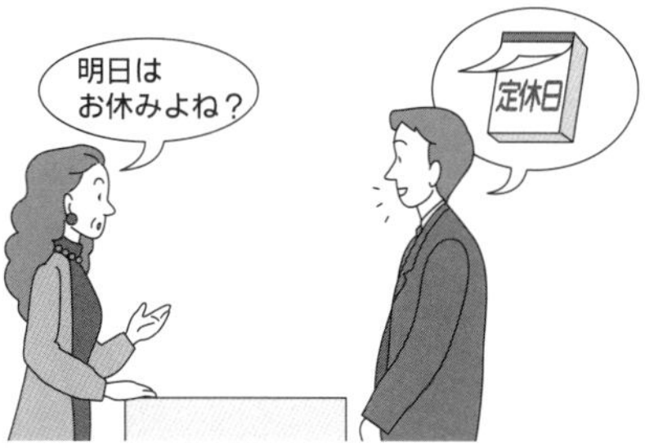

はい、さようでございます。
明日は定休日となっております。

④ お客様が「吉川課長さん、いらっしゃいますか」とあなたに聞きました。吉川課長は席を離れて姿が見えません。「今いません」と答え、「あなたは誰ですか」とお客様に聞いてください。

吉川はただいま席を外しております。
失礼ですが、どちら様でいらっしゃいますか。

→ 指導POINT

① 専務は上司の上役なので、部長に対して過剰な敬語表現は使わないようにする。
② 「さようでございます」は必要。「定休日でございます」「休ませていただきます」でも可。

⑤部長と一緒に外出します。そろそろ出かける時間であることを部長に知らせます。

> 部長、そろそろお出かけになる時間ですが。

⑥課長にお客様がお見えになりました。課長は面会中で、ちょっと待っていただくことになります。お客様に何と言いますか。

> 恐れ入りますが、すぐ参りますのでこちらでお待ちいただけますでしょうか。

⑦先輩が外出先から帰社しました。先輩に何と言いますか。

> お疲れさまでございました。

⑧外出先の部長から「今日は直帰するから課長に伝えておいて」と電話がありました。課長に何と言いますか。

> 課長、部長は直帰なさるそうです。

⑨斎藤課長を指名する電話がありましたが、課長は外出中で今日は戻って来ません。相手に何と言いますか。

> (申し訳ございません)斎藤は外出しておりまして本日は戻って参りません。(いかがいたしましょうか)

⑩書類をファクスするように言われましたが、操作が分かりません。近くにいた先輩に聞きます。

> お忙しいところ申し訳ありません。ファクスの送り方を教えていただけますか。

⑪得意先から「斎藤さんに資料を送ったが、届いているか」という確認の電話がありました。斎藤さんに聞いたら、まだ届いていないようです。得意先に何と言いますか。

> 確認しましたところ、まだいただいていないようですが。

⑫あなたは3日と4日に休暇を取る予定です。上司に何と言いますか。

> 忙しいときに申し訳ありません。3日と4日に休暇をいただきたいのですが、よろしいでしょうか。

⑬上司から接客のしかたがよくないと注意されました。何と答えますか。

> 申し訳ございません。以後気を付けます。

→指導POINT

①上司に対して、「時間です」のような命令調にならないように気を付ける。気付かせる程度に。
②「面会中だから」「いま手が離せませんので」などの言葉は不要。相手をないがしろにしている印象が出てしまう。
③目上に「ご苦労さま」は使ってはいけない。「お疲れさま」も本来は同様であるが、丁寧な言い方であれば支障ない。
④（　　）内の言葉はできれば言ってほしい。
⑤先輩も仕事をしているのだから、「お忙しいところ申し訳ない」という言葉は必要。
⑥「届いていません」よりは、相手が得意先だけに「いただいていない」という表現を使った方がよい。
⑦取るのが当然という言葉遣いにならないこと。「よろしいでしょうか」と了承を得るための言葉が自然に出ることが望ましい。
⑧社会に出た当初はいちばんよく使う言葉。抵抗なく、真摯な姿勢で出るように。

実践問題

次は営業課の太田五郎が、迷惑をかけた得意先へ出すわび状の下書きを、係長に見てもらうために提出したときの、係長に対する言葉遣いである。中から不適当と思われるものを一つ選び、番号で答えなさい。

（1）「係長、先日の手違いは申し訳ありませんでした」
（2）「Ｎ社に出すわび状を書きましたが、ご覧くださいますか」
（3）「書いているとき、課長が通りかかって見せるように申されましたが」
（4）「不適切なところがありましたら、すぐに直します」
（5）「ご指導をよろしくお願いいたします」

解答　（3）

ビジネス実務マナー検定過去問題

解説

「……見せるように申されましたが」の「申す」は、自分が相手に言うときの謙譲語なので、課長が言ったことに対して使う言葉ではない。この場合は、「……見せるように言われましたが」のような言い方になる。

LESSON 4 電話応対

基礎問題

▶ はじめに
1. 生徒に空欄を埋めさせ、それぞれを答えさせてください。

1. 次は電話をかけるときの言葉です。適切な言葉にしましょう。

①名乗る：私、早稲田工業の（　　　）ですけど。

　私（わたくし）、早稲田工業の（　　　）と申します。（いつもお世話になっております）

②取り次ぎを依頼する：営業部の斎藤さん、いますか？

　恐れ入りますが、営業部の斎藤様、いらっしゃいますでしょうか。

③話をしてもよいか尋ねる：在庫確認をしたいのですが、いいですか？

　在庫確認をさせていただきたいのですが、よろしいでしょうか。

④電話を切る：じゃ、さようなら。

　ありがとうございました。失礼いたします。

⑤伝言をしてもらいたいんですが。

　ご伝言をお願いしたいのですが、よろしいでしょうか。

⑥課長が戻ったら電話をくれませんか。

　（恐縮ですが）課長さんがお戻りになりましたら、お電話をちょうだいできますでしょうか。

指導POINT

■電話のかけ方
1. 相手の電話番号、会社名、役職名、氏名を確認し、用件を整理し、メモにしておく。必要な資料があれば、手元に用意。

■電話をかける手順
1. 相手（会社名）を確認し、こちらを名乗る。
2. 簡単なあいさつをする。「いつも、お世話になっております」
3. 取り次ぎを依頼する。「恐れ入りますが、営業部の斎藤様をお願いいたします」
4. 相手に代わったら、用件を伝える。「～の件で、お電話をいたしました。今よろしいでしょうか」と、相手の都合を尋ねる。
5. まとめのあいさつをする。「それでは、よろしくお願いいたします」

■相手が不在のとき
1. 後でこちらから電話をするか、伝言を依頼。
「それでは、○時ごろにまたお電話をいたします」
「ご伝言をお願いしても、よろしいでしょうか」

はじめに

1. 生徒に空欄を埋めさせ、それぞれを答えさせてください。

2. 電話応対の場面です。空欄を埋めましょう。

①電話に出ます。

「はい、　早稲田工業でございます　」 ◀指導POINT①

②何回も電話のベルが鳴り、待たせてしまいました。

「　お待たせいたしました　。早稲田工業（○○部）でございます」 ◀指導POINT②

③電話であいさつをします。

「いつも　お世話になっております　」

④先方が名乗らないとき。

「失礼ですが、　お名前をお聞かせいただけますか　」

「恐れ入りますが、慶応商事の　どちら様でいらっしゃいますか　」

⑤用件が分からなくて他の人に代わるとき。

「 申し訳ございませんが、担当の者と代わりますので 、少々お待ちください」 ◀ 指導POINT③

⑥上司や先輩あての電話を受けて。

「 ○○でございますね 。少々お待ちくださいませ」 ◀ 指導POINT④

⑦電話の声が聞き取りにくいとき。

「申し訳ございませんが、 お電話が遠いようですが 」

⑧名指し人が見当たらないとき。折り返し電話を。

「申し訳ございません。 ただいま○○は席を外しております 。 ◀ 指導POINT⑤

戻りましたら、 こちらからお電話を差し上げましょうか 」

⑨名指し人が外出中（会議中）のとき。

「申し訳ございません。○○は 外出しております （会議中でございます）。○時頃に戻る（終わる）予定になっておりますが」

⑩伝言を依頼されたとき。

「確かに承りました。私、 ○○と申します 」 ◀ 指導POINT⑥

⑪調べるために相手を待たせるとき。

「ただいまお調べいたしますので、 少々お待ちいただけますでしょうか 」

「少々時間がかかると思いますので、 折り返しこちらからお電話いたします 」

⑫名指し人が不在で、折り返し電話をするように頼まれたとき。

「 かしこまりました 。○○が戻り次第お電話するように申し伝えます。念のために、

お電話番号をお聞かせ願えますか 」 ◀ 指導POINT⑦

電話応対

➡️ 指導POINT

①左手で受話器を持ち、右手でメモを取る。
②３回以上ベルが鳴ったとき。
③先方が二度話さなくてすむように、担当に用件をはっきり伝える。
④保留ボタンを押してから取り次ぐ。
⑤自社の人には敬称はつけない。
⑥自分の名前を先方に名乗る。また、伝言の内容は必ず復唱すること。伝言を依頼されないときもメモを取る。
⑦電話番号は必ず聞いておく。

■電話での会話の特徴
　電話での会話には、次のような特徴がある。確認させること。
1. 公共性が強く要求される
　会社の電話は、みんなで使う。長電話を避け、要領よく話す。
　電話をかける時間帯を心得る。始業直後や昼休み後などは、急ぎの電話がかかってくる。急がない電話であれば、少しずらす。
2. 一方的な性質を持っている
　電話は相手の都合に構わず、一方的。
　長くなりそうなときは、「今、お話ししてもよろしいでしょうか」などと尋ねる心遣いが必要。
3. 音声だけによる伝達
　明瞭な発音と復唱を心がけ、分かりにくい言葉や同音異義語を避け、聞いていることを相手に伝えるために相づちを入れながら聞く。
4. 記録が残らない
　「言った、聞かない」とトラブルにならないようにメモを取る習慣をつける。
5. 費用がかかる

浅岡柚美著『秘書実務』より

応用問題

> **はじめに**
> 1. 生徒に空欄を埋めさせます。
> 2. 応対役を生徒にさせます。
> 3. 相手役は先生にお願いします。
>   2回目以降は、かけ方に慣れるため生徒にさせてもよいでしょう。
> 4. 受話器がない場合、最低限メモと筆記用具を用意して行ってください。

1. 下は、今の早稲田工業株式会社の営業部の様子を示しています。

秋山部長	出張中。明日帰社予定。
斎藤課長	会議中。12時終了予定。
高橋さん	電話中。
辺見さん	在席。
広田さん	コピーを取りにいっている。

現在、10月3日10時。電話がかかってきますが、どのように応対すればよいでしょうか。空欄を埋めましょう。

①電話が鳴りました。

（　　）：　はい、早稲田工業（営業部）でございます。

岸川　　：私、南国トレーディングの岸川と申します。

（　　）：　いつもお世話になっております。　　　◀ 指導POINT①

岸川　　：こちらこそ、お世話になっております。恐れ入りますが、高橋さん、いらっしゃいますか。

（　　）：　申し訳ございません。高橋はただいま他の電話に出ております。

　　　　　終わりましたら、折り返しお電話いたしましょうか。

岸川　　：お願いします。

（　　）：　恐れ入りますが、お電話番号をお聞かせ願えますでしょうか。

岸川　　：3245-6789 です。

（　　）：3245の6789ですね。それではお電話するよう申し伝えます。失礼いたします。

②電話が鳴りました。

（　　）：はい、早稲田工業（営業部）でございます。

佐竹　：おはようございます。山陽商事の佐竹と申します。

（　　）：いつもお世話になっております。

佐竹　：こちらこそ。課長さんをお願いします。

（　　）：申し訳ございません。斎藤は会議に出ておりまして、12時に戻る予定ですが。

佐竹　：そうですか。では、辺見さんはいらっしゃいますか。

（　　）：辺見でございますね。少々お待ちください。

辺見さんへ取り次ぐ

（　　）：辺見さん。山陽商事の佐竹様からお電話です。

③電話が鳴りました。

（　　）：はい、早稲田工業（営業部）でございます。

吉田　：斎藤さん、お願いします。

（　　）：失礼ですがどちら様でいらっしゃいますか。

吉田　：失礼しました。北海エージェンシーの吉田です。

（　　）：北海エージェンシーの吉田様ですね。お世話になっております。

　　　　申し訳ありませんが斎藤は会議に出ておりまして、12時に戻る予定ですが。

吉田　：それでは、また、後でかけ直します。

（　　）：よろしいでしょうか。では、恐れ入りますが、お願いいたします。

④電話が鳴りました。

(　　)：　はい、早稲田工業（営業部）でございます。

林　　：私、アジア通信の林と申します。

(　　)：　いつもお世話になっております。　◀指導POINT⑤

林　　：こちらこそ、お世話になっております。恐れ入りますが、秋山部長さん、お願いします。

(　　)：　申し訳ございません。秋山は出張しておりまして、明日戻る予定ですが。

林　　：そうですか。では、課長さんはいらっしゃいますか。

(　　)：　誠に申し訳ございません。斎藤も会議に出ておりまして、12時に戻る予定です。

林　　：そうですか。では、課長さんがお戻りになったらご連絡いただけますでしょうか。

(　　)：　かしこまりました。恐れ入りますが、お電話番号をお聞かせ願えますでしょうか。

林　　：3209-6201です。

(　　)：　3209の6201ですね。かしこまりました。

　　　　　では、確かに斎藤に申し伝えます。

⑤電話が鳴りました。

(　　)：　はい、早稲田工業（営業部）でございます。

佐賀　：東京流通の佐賀と申しますが、広田さん、お願いします。

(　　)：　いつもお世話になっております。
　　　　　申し訳ありませんが、広田はただいま席を外しております。　◀指導POINT⑥

佐賀　：そうですか。では、伝言をお願いできますか。

(　　)：　かしこまりました。お願いいたします。

佐賀　：先日お願いした契約の打ち合わせを、10日ではなく12日に変更していただきたい、とお伝えいただけますか。
（　）：契約の打ち合わせを、10日ではなく12日に変更ですね。

> かしこまりました。私（　　　　）と申します。ご伝言を申し伝えます。

佐賀　：（　　　）さんですね。それではよろしくお願いします。

（　）：　失礼いたします。

伝言メモに記入しましょう。

指導POINT⑦ →

電話伝言メモ

広田　様あて

10月　3日 10時 00分　　　　　○○　受
東京流通
佐賀　様から

□ 電話がありました
☑ 電話をいただきたい（TEL　　　　　）
□ もう一度電話します（　時　分ごろ）

ご用件
契約の打ち合わせを、10日から12日に変更されたい、とのことです。

以上

→ 指導POINT

①名前をメモしているか確認。
②番号をメモしているか確認。
③④⑤⑥名前をメモしているか確認。
⑦最初の設問で、「10月3日10時」としている。
■電話の受け方
1. ベルが鳴ったら、すぐに出る。
　　内線電話のときは「はい、営業部の（　　）です」
2. メモを取る用意をする。
　　左手で受話器、右手でペンを持ち、メモを取る。
3. 用件を正しく聞き、重要なことがらは復唱する。
4. 終わりのあいさつ。
　　「それでは失礼いたします」「ご連絡、ありがとうございました」
■上司に電話を取り次ぐとき
1. 取り次ぐ上司（と用件）を確認する。
　　「営業部長の秋山でございますね」と確認。
　　相手がどのような人か分からなかったり、用件を確認する方がよいときは「恐れ入りますが、どのようなご用件でいらっしゃいますか」と、用件を確認した上で、上司に取り次ぐ。

実践問題

次は斉藤智子の、電話応答での相手を気遣った内容の確かめ方である。中から<u>不適当</u>と思われるものを一つ選び、番号で答えなさい。

（1）相手が5時のことを「ジュウシチ（17）時」と言ったときは、「午後5時でございますね」と言って確かめている。
（2）こちらの話に、相手にはっきりした反応がないときには、「それでよろしいでしょうか」のように言って確かめている。
（3）相手からの用件を聞き終わったら、内容を復唱して、最後に「以上でよろしいでしょうか」のように言って確かめている。
（4）相手からの用件がはっきりしない場合は、そのときは確かめず、後でかけ直して「このようなことでしょうか」と言って確かめている。

解答　（4）

ビジネス電話検定過去問題

LESSON 5
受付と訪問

基礎問題

▶ **はじめに**
1. 生徒を何人か前に出し、それぞれ声を出しながら練習をしましょう。
2. よくない場合は、下記のコメントで修正してください。

1. 立ち姿勢、お辞儀の練習をしましょう。

会釈 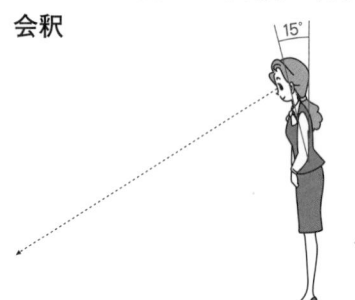　敬礼 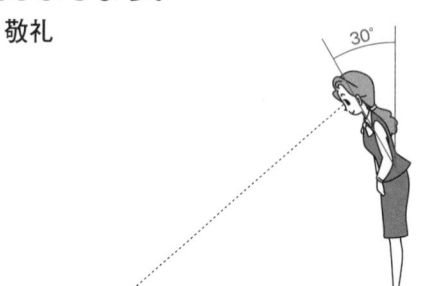　最敬礼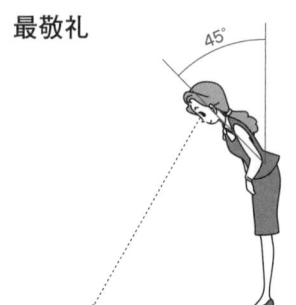

	会釈	敬礼	最敬礼
深さ（角度）	15°	30°	45°
視線の位置	自分の足元から約2m先	自分の足元から約1.5m先	自分の足元から約1m先
指先の位置	3cmほど下がる程度	ももの上部にくる程度	ももの中央部にくる程度
TPO	・相手に声をかけるとき ・通路での礼 ・退室のとき 　「失礼いたします」 ・人の前を横切るとき 　「前を失礼いたします」	・あいさつ 　「おはようございます」 　「いらっしゃいませ」 ・お礼をいうとき 　「ありがとうございます」	・謝るとき 　「誠に申し訳ございません」

➡ **指導POINT**

■背筋を伸ばし、かかとをつけ、お客様に柔らかいまなざしを向ける。

2. 名刺の受け渡しの練習をしましょう。

> **はじめに**
> 1. 下の見本にならって学生同士で名刺交換させましょう。
> 2. その際に下記のコメントを言い添えてください。

①受け方

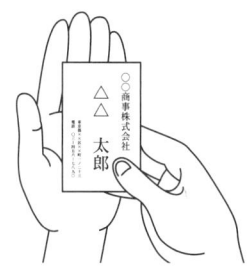 

➡指導POINT

■指が文字に触れないように、余白のところを持つ。
■両手で受け取る。同時交換の場合は左手で受けて右手を添える。
■胸より下に降ろさない。
■名刺入れを持っている場合、名刺入れを左手で持ち、名刺盆の代わりにして受け、右手を添える。

②渡し方

 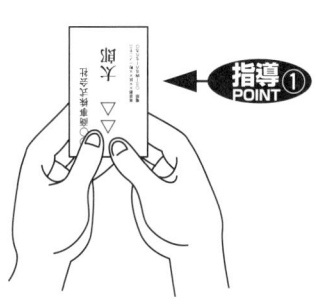

指導①POINT

➡指導POINT

①相手が名前を読めるように出す。
■名刺交換のポイント
1. 名刺の受け渡しは立って行う。
2. 名刺を差し出すとき、名刺入れを置く場所があれば、両手で出した方がよい。片手に名刺入れを持っている場合は、片手で出してもよい。
3. 名刺は必ず手から手へ渡す。
4. 目下の者、訪問した方が先に出すというが、新入社員はいつも先に出すよう心がけた方がよい。
5. 名刺は必ず名乗って差し出す。
　「私、○○（会社名）の青木と申します」
6. 名刺を受け取ったら、会社名、部署名、氏名を確認する。読めない文字や、読み方で迷うときは「恐れ入りますが、何とお読みしたらよいのでしょうか」と聞いて確認する。

青木テル著『ビジネスマナー』より

来客	受付
失礼します。（名刺を出す） 慶応商事の（　　）と申します。前田部長さんいらっしゃいますでしょうか。	（名刺を見て）慶応商事の（　　）様でいらっしゃいますね。 いつもお世話になっております。

来客	受付
ごめんください。 慶応商事の（　　）と申します。前田部長にお約束をいただいているのですが、いらっしゃいますか。	（お客様の顔を見て）慶応商事の（　　）様でいらっしゃいますね。 いつもお世話になっております。 お待ちしておりました。

来客	受付
吉川課長さんをお願いします。	（名前を尋ねる）　失礼ですが、どちら様でいらっしゃいますか。
申し遅れました。慶応商事の（　　）と申します。	
	慶応商事の（　　）様でいらっしゃいますね。 いつもお世話になっております。

➡️ 指導POINT

■両者ともあいさつする姿勢が「敬礼」であるか。（p.28のイラストのようであるか）
■名刺の受け渡しが両手で行われているか。
■受け渡しのときの姿勢が、前傾（会釈程度）であるか。
■復唱の姿勢が、p.28右下のように背筋を伸ばしかかとをつけたものであるか。
■「いつもお世話になっております」と言って敬礼しているか。
■はっきりとした口調であるか。

応用問題

▶ **はじめに**
1. はじめに、生徒に空欄を埋めさせてください。
2. 来客と受付役の生徒を指名して下記のやりとりをさせます。
3. 来客と受付役の生徒を指名してやりとりをさせます。部長役は先生にお願いします。

1. 空欄を埋めて、お客様との応対を練習しましょう。

来客：こんにちは。

受付：｜ いらっしゃいませ。 ｜

来客：電子工業の横山と申します。

受付：｜ 電子工業の横山様ですね。いつもお世話になっております。 ｜

来客：秋山部長様、いらっしゃいますでしょうか。

受付：｜ 失礼ですが、ご用件をお聞かせいただけますでしょうか。 ｜ ◀ 指導POINT①

来客：はい。先日ご依頼をいただきました製品のパンフレットをお持ちいたしました。

受付：｜ さようでございますか。少々お待ちいただけますでしょうか。 ｜

2. 空欄を埋めて、名刺の受け渡しの練習をしましょう。

来客：失礼します。

受付：｜ いらっしゃいませ。 ｜

来客：電子工業の横山と申しますが、(名刺を手渡す) 秋山部長さんをお願いいたします。先月からお取り引きいただいていまして、ごあいさつに伺いました。

受付：(名刺を受け取り) ｜ 電子工業の横山様ですね。いつもお世話になっております。
　　　　　　　　　　　　少々お待ちいただけますでしょうか。 ｜ ◀ 指導POINT②

受付と訪問

→ 指導POINT

①聞き慣れない社名の人の場合は、用件を聞いて上司に会うかどうかを判断してもらう。「（秋山を）呼んできますので」などと在席を明らかにしない。
②①と同じく在席を明らかにしない。

■名刺交換等のポイントはp.29を参照すること。

3. 空欄を埋めて、受付と取り次ぎの練習をしましょう。

来客：ごめんください。

受付：　いらっしゃいませ。

来客：秋山部長さんをお願いしたいのですが。

受付：（誰かを確認）　失礼ですが、どちら様でいらっしゃいますか。

来客：電子工業の横山と申します。（名刺を手渡す）先月からお取り引きいただいていまして、ごあいさつに伺いました。

受付：（名刺を受け取り）　電子工業の横山様ですね。いつもお世話になっております。少々お待ちいただけますでしょうか。

部長へ取り次ぐ

受付：（名刺を差し出し）　部長、電子工業の横山様という方が、ごあいさつに見えましたが、いかがいたしましょうか。

部長：応接室へご案内してください。

4. 空欄を埋めて、アポイントメントの確認できないお客様との応対を練習しましょう。

来客：ごめんください。

受付：　いらっしゃいませ。

来客：電子工業の横山と申します。秋山部長さんをお願いしたいのですが。

受付：　電子工業の横山様ですね。いつもお世話になっております。

　　　　（予約を確認）　失礼ですが、お約束をいただいておりますでしょうか。　

来客：はい、3時に面会をお願いしています。

5. 不意の来客が訪ねてきました。秋山部長は出張中で明日帰ってきます。空欄を埋めて、応対を練習しましょう。

来客：ごめんください。

受付：　いらっしゃいませ。

来客：電子工業の横山と申しますが、秋山部長様はいらっしゃいますでしょうか。

受付：　電子工業の横山様ですね。いつもお世話になっております。

　　　（用件を確認）　失礼ですが、ご用件をお聞かせいただけますでしょうか。

来客：ちょっと、取引の件で部長さんに確認しておきたいことがあるのですが。

（秋山部長出張のため、明日こちらから連絡するようにする）

受付：　申し訳ございません。あいにく秋山は出張に出ておりまして、よろしければ明日こちらからご連絡差し上げますが。

6. 不意の来客が訪ねてきました。秋山部長は会議中です。予定では、会議はあと20分ぐらいかかります。空欄を埋めて、応対を練習しましょう。

来客：失礼します。

受付：　いらっしゃいませ。

来客：電子工業の横山と申しますが、秋山部長様はいらっしゃいますでしょうか。

受付：　電子工業の横山様ですね。いつもお世話になっております。

来客：実は、異動で大阪へ転勤することになりまして、部長さんには大変お世話になりましたので、ごあいさつに伺ったのですが。

受付：　ご丁寧にありがとうございます。ただいま確認して参りますので、少々お待ちいただけますでしょうか。　

指導POINT

①相手の名前を復唱確認した後、約束の有無を確かめる。
　予約を確認したら「大変失礼いたしました。ただいま見て参りますので、少々お待ちくださいませ」と言う。
　ここでも名指し人の在席は言わない。
　名指し人に取り次ぐ。
　「部長、3時にお約束の電子工業の横山様がお見えになりました」
　約束の時間を間違えている場合もあるので、「○時にお約束の〜様」というように念を押す。
②通常、会議中の不意の来客は取り次がないものであるが、転勤のあいさつ程度のものは時間をとらないこともあり、会議の性格、上司の意向によっては取り次いでもよいとされている。

応用問題 — ロールプレイング

はじめに

1. ロールプレイングを行うときは下記のようなセッティングをしてください。
2. 時間の制限内で、同じ設問で何人かを指名して繰り返すようにします。
3. 応接室への入り方やお茶の接待のしかたなどについては資料集を参照するよう指導してください。
4. 実際に先生が見本を見せるか、いちばん正確な対応をした生徒を再度指名して「見本」としてください。

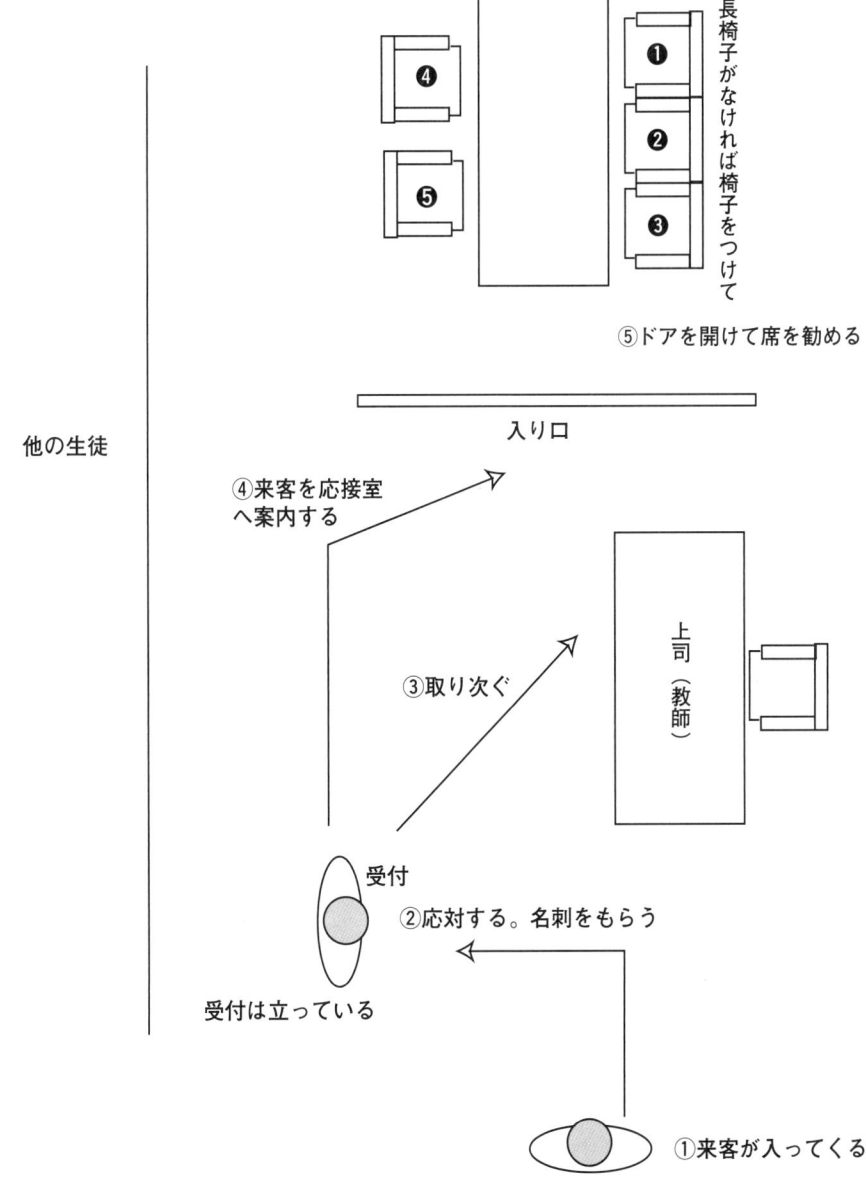

はじめに

1. 来客役と受付役を指名し、上司役を先生がやり、下記をロールプレイングしてください。

来客	受付	上司
ごめんください。 早稲田工業の(　　)と申します。(　　)部長さんはいらっしゃいますか。	いらっしゃいませ。　◀指導POINT① お世話になっております。 3時にお約束の早稲田工業の(　　)様でいらっしゃいますね。お待ちしておりました。ただいま(　　)にお取り次ぎいたしますので少々お待ちください。 (取り次ぐ) 3時にお約束の早稲田工業の(　　)様がお見えになりました。　◀指導POINT②	
		応接室へご案内して。
	承知しました。 (来客に向かって) お待たせいたしました。ご案内いたします。どうぞこちらへ。	
ありがとうございます。	部長、早稲田工業の(　　)様です。	
(上司に向かって) お忙しいところ恐れ入ります。 (名刺を交換しながら) 早稲田工業の(　　)と申します。いつもお世話になっております。　◀指導POINT③		
		(立ち上がり、客に向かって) こちらこそお世話になります。 (名刺を交換しながら) (　　)です。よろしくお願いいたします。

指導POINT

① 敬礼の姿勢をとったか。
② はっきりした口調で、言葉遣いが正しかったか。
③ 名刺交換を両手で行ったか。

来客	受付
ごめんください。	いらっしゃいませ。
（名刺を出しながら） 早稲田工業の（　　）と申します。 斎藤課長さんはいらっしゃいますか。	
	早稲田工業の（　　）様でいらっしゃいますね。お世話になっております。 失礼ですが、お約束はいただいておりますでしょうか。
いえ、実は来月、本社に戻ることになりまして、転勤のごあいさつに伺ったのですが。	
	さようでございますか。 ご丁寧にありがとうございます。恐れ入りますが、こちらで少々お待ちくださいますか。
	（会議中の斎藤課長にメモで知らせたところ「応接室へ」との指示）
	大変お待たせいたしました。 お目にかかりたいと申しておりますので、応接室にご案内いたします。 こちらへどうぞ。
ありがとうございます。	

➡️ 指導POINT

■あいさつのとき敬礼の姿勢をとったか。
■名刺を両手（または盆）で受け取ったか。
■はっきりした口調で、言葉遣いが正しかったか。

実際に案内し、応接室へ通してください。どの席をお客様にすすめますか。

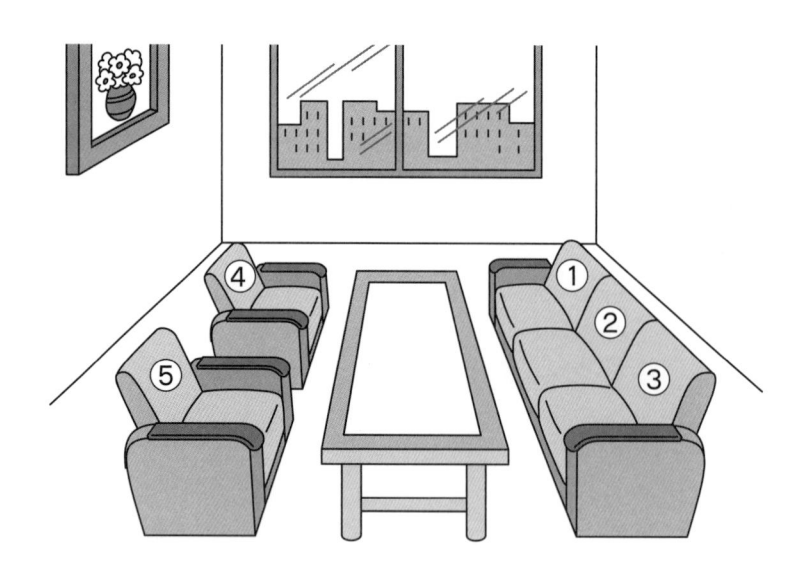

➡️ **指導POINT**

■上の図が応接室の席次。
■お客様には入り口からいちばん遠い長椅子の奥をすすめる。
■他の状況の席次については資料集参照。

来客	受付
失礼します。 （名刺を出しながら）こういう者ですが。	
	いらっしゃいませ。
	（名刺の名前が変わっている） 失礼ですが、何とお読みすればよろしいのでしょうか。　←指導POINT①
来馬（クルバ）と申します。	
	ハウス物産のクルバ様でいらっしゃいますね。 お世話になっております。
課長の斎藤さんにお目にかかりたいのですが。	
	申し訳ございませんが、本日斎藤は休みをいただいているのですが。
あ、そうですか。先日納めていただいた新製品のことで伺ったのですが。	
	さようでございますか。 よろしければ代わりの者ではいかがでしょうか。 高橋という者がおりますので。
はい、それではお願いします。	

➡️指導POINT

①名前の読み方が分からないときは、「恐れ入りますが、何とお読みすればよろしいのでしょうか」と尋ねる。
■あいさつのとき、敬礼の姿勢をとったか。
■名刺を両手（または盆）で受け取ったか。
■名前を確認するときに名刺を両手で持っていたか。
■はっきりした口調で、言葉遣いが正しかったか。

・名刺をいただいたら胸の高さに持ち上げ、持った手は下へおろさない。
・名刺の扱いは丁寧に。

来客	受付
ごめんください。	いらっしゃいませ。
専門図書物流の大林と申しますが。 秋山部長さんいらっしゃいますか。	専門図書物流の大林様ですね。いつもお世話になっております。 あいにく秋山は外出中でございまして、戻りが6時となっております。 失礼ですが、ご面会のお約束をいただいておりましたでしょうか。
いえ、ちょっと近くに来たものですから。	さようでございますか。 よろしければ代わりの者ではいかがでしょうか。
いや、秋山さんでないと分からないことなので。	私（　　　）と申しますが、もしお差し支えなければお言付けを承りますが。
そうですか。では、進行中の物流改革案の件で至急ご相談したいことがあると伝言していただけますか。	かしこまりました。 進行中の物流改革案の件で、大林様に至急ご連絡するように申し伝えます。
それじゃ、お願いします。	せっかくお越しいただきましたのに、申し訳ございませんでした。

➡ 指導POINT

■ 名指し人が不在の場合
1. おわびをして不在の理由を述べる。
2. 帰社時間（会議終了時間）を付け加える。
2. 用件を聞き、代理の者でも処理できるかなど、相手の意向を伺う。
3. 用件によっては
   「その件でしたら代わりの者ではいかがでしょうか」 ただし押し付けがましい態度は禁物。
   「秋山が戻りましたら、早速お電話を差し上げるように申し伝えます」こちらから連絡するように配慮する。
4. お帰りいただくとき
   「わざわざお越しいただきましたのに申し訳ございません。失礼いたします」
5. 約束をしていたにもかかわらず不在だったとき
   「お約束いただきながら、大変失礼いたしました。秋山が帰りましたらこちらからご連絡差し上げます。誠に申し訳ございません」再度おわびして丁重に見送る。

実践問題

次は秘書Aが、受付で行っていることである。中から<u>不適当</u>と思われるものを選びなさい。

（1）客の姿が見えたらすぐに立ち上がり、近づいたら「いらっしゃいませ」と言っている。
（2）上司が不在中の不意の来客には、外出した用件と帰社予定時刻を伝え、どのようにするか尋ねている。
（3）客が重なり受け付けが後になる客には、「少々お待ちくださいませ」などのように声をかけている。
（4）客から名刺を出されたら「お預かりいたします」と言って両手で受け取り、会社名と氏名を確認している。
（5）不意の客は、上司が在席していてもそのことは言わずに待ってもらい、どうすればよいかを上司に確認している。

解答　（2）

秘書検定過去問題

➡解　説

訪問したいときは、相手の都合に合わせて予約をしてからするというのが、ビジネスの場での訪問のしかたである。従って、上司が不在なら用件ぐらいは尋ねておくとしても、面会を前提としたようなことを言ったり尋ねたりすることは不適当ということである。

LESSON 6
ビジネス文書

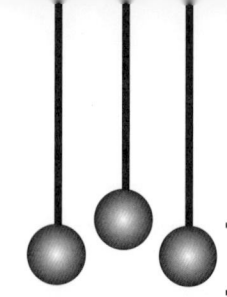

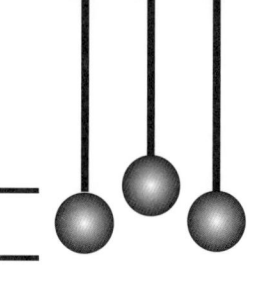

基礎問題

1. 次は、ビジネス文書です。空欄を埋めましょう。

　　　　　　　　　　　　　　　　　　　　　　　　　令和〇年9月5日

　　国立商事株式会社
　　　　仕入課御中

　　　　　　　　　　　　　　　　　　　　　　　　　株式会社八幡工業
　　　　　　　　　　　　　　　　　　　　　　　　　営業部第1課

　　　　　　　　　　「ＡＧ2000」出荷のご通知　　　◀ 指導POINT①

　拝啓　貴社ますますご発展のこととお喜び申し上げます。
　　さて、本日、下記の商品を発送いたしましたので、ご確認くださいますよう、お願い申し上げます。
　　今後とも、多少にかかわらずご用命のほど、お願い申し上げます。

　　　　　　　　　　　　　　　　　　　　　　　　　　　　　　　敬具

　　　　　　　　　　　　　　　　記　　　　　　　　◀ 指導POINT②

　　1　品　名　ＡＧ2000
　　2　数　量　200ケース

　　　　　　　　　　　　　　　　　　　　　　　　　　　　　　　以上

　　　　　　　　　　　　　　　　　　　　　　　担当　営業課　井上

指導POINT

① 一見して文章の内容の趣旨が伝わるように書く。
② 本文で「下記の通り」などと書いた場合に、「記」の後に番号をつけ、箇条書きする。

応用問題

1. 次の内容の社内文書を上司に指示されました。作ってみましょう。

文書番号　営発第 456 号
発信日付　令和○年 5 月 12 日
受信者名　課長たち
発信者名　秋山営業部長
内　　容　5 月 30 日（木）9：00 から 12：00 に、第 3 研修室で新商品説明会を行う。
　　　　　資料は席上で配布する。
担 当 者　辺見（内線 123）

営発第 456 号
令和○年 5 月 12 日

課長各位

営業部長

新商品説明会について（通知）

下記の通り、標記の会議を行いますから出席願います。

記

1　日　時　　5 月 30 日（木）　9：00 ～ 12：00
2　場　所　　第 3 研修室

なお、資料は席上配布します。

以上

担当：辺見（内線 123）

2.会社の電話番号が変わることになり、その案内文を社外に発信します。作ってみましょう。

文書番号	総発1234号
日　付	令和〇年4月1日
受信者名	東京工業会会員たち
発信者名	早稲田工業（株）総務部
変　更　日	4月10日（火）から
新電話番号	03-3123-4567（代）
担　当	総務部　友田　電話 03-3123-8901

　　　　　　　　　　　　　　　　　　　　　　　　　総発1234号
　　　　　　　　　　　　　　　　　　　　　　　　令和〇年4月1日

東京工業会会員各位

　　　　　　　　　　　　　　　　　　　　　　　早稲田工業株式会社
　　　　　　　　　　　　　　　　　　　　　　　　　　　総務部

　　　　　　　　　　　　電話番号変更のご案内

拝啓　陽春の候、貴社ますますご隆盛のこととお喜び申し上げます。日頃はご高配をいただき誠にありがとうございます。
　さて、このたび当社の電話番号が下記の通り変更となりますので、ご案内申し上げます。お手数ですが、名簿などご訂正くださいますようお願い申し上げます。
　まずは、取り急ぎご案内申し上げます。
　　　　　　　　　　　　　　　　　　　　　　　　　　　　　　敬具

　　　　　　　　　　　　　　　記

　1　変更日　　　　4月10日（火）から
　2　新電話番号　　03-3123-4567（代）

　　　　　　　　　　　　　　　　　　　　　　　　　　　　　以上

　　　　　　　　　　　　　　　　　　　担当：総務部　友田
　　　　　　　　　　　　　　　　　　　電話 03-3123-8901

3. 会社で新商品発表会を開くことになりました。案内文を作ってみましょう。

文書番号	営発第5689号
日　付	令和○年10月1日
受信者名	お得意様
発信者名	早稲田工業（株）　代表取締役社長　早稲田一郎
内　容	新商品「CPO-7000」発表
日　時	令和○年11月1日　16：00
会　場	慶応ホテル「鳳凰の間」
担　当	営業部　斎藤　電話03-3123-4567（直通）

営発第5689号
令和○年10月1日

お得意様各位

早稲田工業株式会社
代表取締役社長　早稲田一郎㊞

新商品発表会のご案内

拝啓　秋涼の候、皆様にはいよいよご清栄のこととお喜び申し上げます。平素は格別のご愛顧をいただき厚く御礼申し上げます。
　さて、当社ではこのたび新商品「CPO-7000」を発売するにあたり、下記の通り発表会を開催いたします。
　皆様お誘い合わせの上、多数ご来場賜わりますようお願い申し上げます。
　まずは、取り急ぎご案内申し上げます。

敬具

記

1　日　時　　令和○年11月1日　16：00より
2　会　場　　慶応ホテル「鳳凰の間」

以上

担当：営業部　斎藤
電話03-3123-4567（直通）

ビジネス文書

実践問題

次の内容を、社内にカフェテリア設置を知らせる案内文にしなさい。

---

1 発信日　令和○年7月1日
2 受信者　全社員
3 発信者　総務部長
4 表　題　適切と思われるものをつけなさい。

　今度、カフェテリアを設置することになったので、案内する。利用開始は7月15日からで、場所は8階の社員食堂に隣接した所である。座席の数は40席で、10時30分から16時まで利用できる。
　なお、原則として社内会議用としての利用は禁止する。

ビジネス文書検定過去問題

➡ 解　答

　　　　　　　　　　　　　　　　　　　　　　　　　　　令和○年7月1日
社員各位
　　　　　　　　　　　　　　　　　　　　　　　　　　　総務部長

　　　　　　　　　　　カフェテリアの設置について（案内）

このたび、下記の通りカフェテリアを設置することになったので、案内します。

　　　　　　　　　　　　　　　　記

1　利用開始　　7月15日
2　場　　所　　8階（社員食堂に隣接）
3　座席数　　　40席
4　利用時間　　10時30分～16時

　なお、原則として社内会議用としての利用は禁止します。

　　　　　　　　　　　　　　　　　　　　　　　　　　　　　　　　以上

常識資料集

このテキストの演習、また、ビジネスの場で実際に役立つ資料を掲載しています。解答欄を埋めて、資料集として活用するよう、指導してください。

資料1　　　敬　語

1. 敬語の基本用法

型	尊敬語		謙譲語
	れる・られる型	お~になる・ご~なさる型 （れる・られる型よりも敬意が強い）	お（ご）～する・ お（ご）～いたす型
主語	相手	相手	自分
書く	書かれる	お書きになる	お書きする
読む	読まれる	お読みになる	お読みする
連絡する	連絡される	ご連絡なさる	ご連絡いたす
する	される	＊なさる	＊いたす
いる		＊いらっしゃる・おいでになる	＊おる
来る	来られる	＊いらっしゃる	＊参る
行く	行かれる	＊いらっしゃる	＊参る・伺う
言う	言われる	＊おっしゃる	＊申す・申し上げる
聞く	聞かれる	お聞きになる	＊伺う・拝聴する
見る	見られる	＊ご覧になる	＊拝見する
食べる	食べられる	＊召し上がる	＊頂く

＊印は、例外　「交換形式」という

2.「お（ご）」の使い方

1.真に尊敬の意を表す言葉	社長のお考え 部長のご出席
2.相手の物事を表す言葉	お荷物 お名前を伺う
3.慣用が固定している言葉	おはようございます ご飯
4.自分のことだが、相手に関係するため、つけるのが慣用になっている言葉	お手紙を差し上げる ご返事いたします
5.接頭語と接尾語の両方が用いられる慣用的な言葉	お客様 お疲れさま

3. 改まった言い方

	普通の言い方	改まった言い方
人の呼び方	わたし、わたし達	わたくし　わたくしども
	うちの会社	わたくしどもの会社、当社
	あなたの会社	そちら様の会社、御社
	誰	どちら様、どなた様
	あの人	あの方
	○○会社の人、男の人、女の人	○○会社の方、男の方、女の方
	そっちの人、あっちの人	そちらの方、あちらの方
間違いやすい敬語（尊敬語と謙譲語）	お客様がいます	お客様がいらっしゃいます
	私がいます	私がおります
	お客様がそっちへ行きます	お客様がそちらへいらっしゃいます
	私がそっちへ行きます	私がそちらへ参ります
	お客様が見ました	お客様がご覧になりました
	私が見ました	私が拝見いたしました
	お客様が言いました	お客様がおっしゃいました
	私が言いました	私が申しました
	お客様が食べました	お客様が召し上がりました
	私が食べました	私が頂きました
覚えておきたい接遇用語	ありません	ございません
	できません	いたしかねます
	知りません	存じません
	わかりました	かしこまりました、承知いたしました
	ちょっと待ってください	少々お待ちくださいませ
	〜してもらえませんか？	〜していただけませんでしょうか？
	いま席にいません	ただいま席を外しております
	お客様が来ました	お客様がいらっしゃいました（お見えになりました、おいでになりました）
	もう一回言ってくれますか？	もう一度おっしゃっていただけますか
	用件を聞きます	ご用件を承ります（伺います）
	これでどうでしょうか	これでいかがでしょうか
	気に入りましたか？	お気に召しましたか？
	課長（自社）に言っておきます	課長に申し伝えます

資料2　応　対

1. 応接室へ案内するとき

[外開きのドア]

[内開きのドア]

①応接室の前に来たら、来客に「こちらでお待ちください」と声をかける。
②ドアをノックして、部屋が空いていることを確かめる。
③外開きのときは来客を 先 に中に招き入れ、内開きのときは案内人が先に中に入ってから来客を招き入れる。
　いずれも、「どうぞ」と言って招き入れる。
④室内では、「こちらにおかけになってください」と言って、 上座 の席をすすめる。
⑤上座は　(1) 入り口から遠い席
　　　　　(2) 長椅子（ソファ）
⑥「ただいま参りますので、少々お待ちくださいませ」と言って一礼し、退室。部屋の表示を「使用中」にしておく。

2. 応接室の席次

入り口から ｜ 遠い ｜ ほど上位。

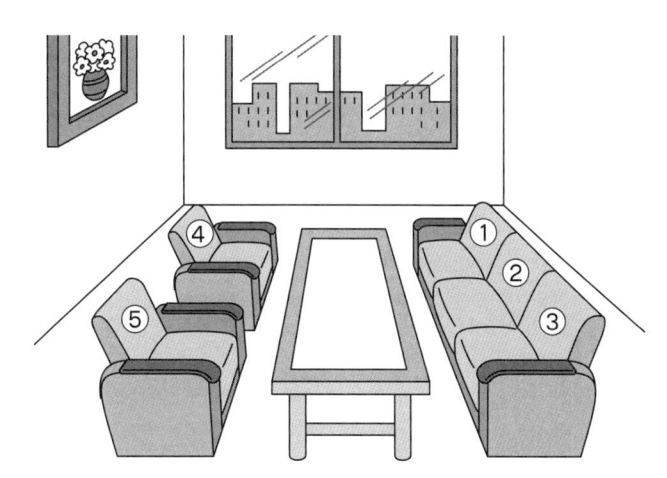

3. お茶の出し方

お茶の入れ方
①急須と湯飲みをあたためる。
②急須にお茶の葉を入れ、適温のお湯を注ぐ。
③お茶の濃さが均一になるように回しつぎをし、｜ 7 ｜ 分目ぐらいにつぐ。
④糸底の水気を布巾で拭く。

お茶を運ぶとき
湯飲みと茶たくを別々に載せる。
茶たくは重ね、布巾を用意。お盆を胸よりも少し高めに、少し片側に寄せて運ぶ。

来客にお茶を出すとき
茶たくに湯飲みを載せる。湯飲みの正面（模様がある方）が、来客に向くように ｜ 上座 ｜ の来客から「どうぞ」と声をかけて配る。

お菓子を出すとき
菓子を出すときは、 菓子 を先に出す。来客

から見て 左 側が菓子、 右 側がお茶。

4.席次
運転手のいる席次
取引先、親しい友人などが運転する場合、オーナードライバーに
敬意を表して④に座ることもある。

和室での席次
入り口から遠い席で
掛け軸等を背にするところが 上座 。

資料3　慶事と弔事

1. 上書き／水引の知識

目的	上書き	水引
結婚祝い	寿　御結婚御祝	紅白　金銀　結び切り
賀寿	寿　祝古希など	紅白　ちょう結び
慶事一般	御祝　祝○○など	紅白　ちょう結び
病気見舞い	御見舞	白封筒
お礼一般	御礼	紅白　ちょう結び
餞別	御餞別	紅白　ちょう結び
結婚式の引き出物	寿	紅白　金銀　結び切り
慶事の当人からのお返し	内祝	紅白　ちょう結び
病気回復のお返し	内祝　快気祝	紅白　結び切り
忌明け・香典返し	志　忌明け	黒白

2. 返信はがきの書き方

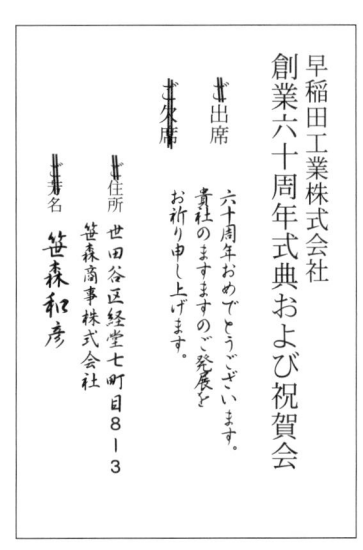

【表面】
切手
171-8543
豊島区高田三丁目十番十二号
早稲田工業株式会社
総務部
御中　行

【裏面】
早稲田工業株式会社
創業六十周年式典および祝賀会

出席

住所　世田谷区経堂七丁目8-13
　　　笹森商事株式会社
氏名　笹森和彦

六十周年おめでとうございます。
貴社のますますのご発展を
お祈り申し上げます。

資料4　ビジネス文書

1. 社外文書の基本様式

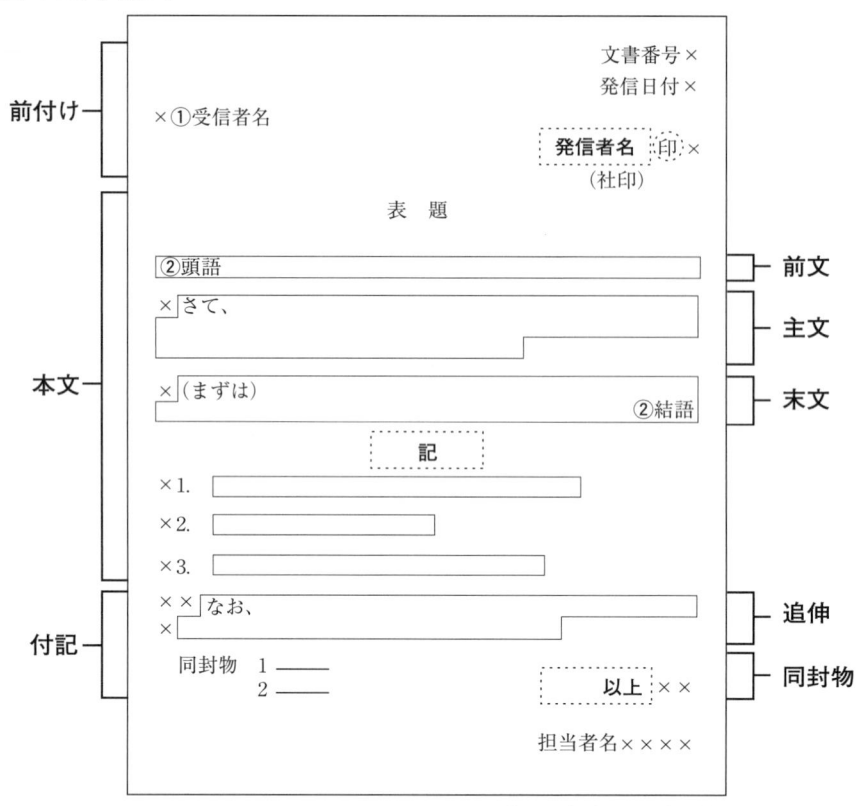

前付け
- ①受信者名
- 文書番号×
- 発信日付×
- 発信者名 印×
- （社印）

本文
- 表題
- ②頭語 ……前文
- ×さて、…… ……主文
- ×（まずは）……②結語 ……末文
- 記
- ×1.
- ×2.
- ×3.

付記
- ××なお、…… ……追伸
- 同封物　1 ——　　2 —— ……同封物
- 以上××
- 担当者名××××

×印は一字分のアキを示す

①受信者名
受信者の会社名、役職名、氏名、敬称を書く。

宛て名	敬称
会社　官庁　団体	御中
役職名	殿
職名付き個人名	殿（様）
個人名	様　先生
同文を多数に宛てる場合	各位

②頭語と結語

	普通の場合	丁寧な場合	簡単な場合	返信の場合
頭語	拝啓	謹啓	前略　　—	拝復
結語	敬具	敬白	草々　以上	敬具

参考図書
青木テル著『ビジネスマナー』
浅岡柚美著『秘書実務 高等学校用教科書』
武田秀子・岡田小夜子共著『秘書・オフィス実務』
　　　　　　　　　　以上すべて早稲田教育出版

ビジネスマナー基礎実習〈新版〉講義用指導書

2005 年 2 月 20 日　改訂初版発行
2023 年 2 月 20 日　　　第 6 刷発行

編著者　早稲田教育出版編集部 ©
発行者　笹 森 哲 夫
発行所　早稲田教育出版
　　　　〒169-0075
　　　　東京都新宿区高田馬場一丁目 4 番 15 号
　　　　株式会社早稲田ビジネスサービス
　　　　　　　https://www.waseda.gr.jp/
　　　　　　　電話　（03）3209-6201

落丁本・乱丁本はお取り替えいたします。